AF125055

BEI GRIN MACHT SICH IHR
WISSEN BEZAHLT

- Wir veröffentlichen Ihre Hausarbeit,
  Bachelor- und Masterarbeit

- Ihr eigenes eBook und Buch -
  weltweit in allen wichtigen Shops

- Verdienen Sie an jedem Verkauf

Jetzt bei www.GRIN.com hochladen
und kostenlos publizieren

Bibliografische Information der Deutschen Nationalbibliothek:

Die Deutsche Bibliothek verzeichnet diese Publikation in der Deutschen National-
bibliografie; detaillierte bibliografische Daten sind im Internet über http://dnb.d-
nb.de/ abrufbar.

Impressum:

Copyright © 2019 GRIN Verlag
Druck und Bindung: Books on Demand GmbH, Norderstedt Germany
ISBN: 9783668996076

Dieses Buch bei GRIN:

https://www.grin.com/document/493016

Ramin Watanyar, Eric Blumenstein, Elevtheria Chalatsoglou

Die Handelspolitik von China. Der Handelskrieg zwischen China und den USA

GRIN Verlag

GRIN - Your knowledge has value

Der GRIN Verlag publiziert seit 1998 wissenschaftliche Arbeiten von Studenten, Hochschullehrern und anderen Akademikern als eBook und gedrucktes Buch. Die Verlagswebsite www.grin.com ist die ideale Plattform zur Veröffentlichung von Hausarbeiten, Abschlussarbeiten, wissenschaftlichen Aufsätzen, Dissertationen und Fachbüchern.

Besuchen Sie uns im Internet:

http://www.grin.com/

http://www.facebook.com/grincom

http://www.twitter.com/grin_com

Handelspolitik von China: Wie funktioniert der Protektionismus?

Ramin Watanyar

Eric Blumenstein

Elevtheria Chalatsoglou

Inhaltsverzeichnis

Abbildungsverzeichnis

Abbildung 1: Chronologischer Handelsstreit zwischen USA und China

Abbildung 2: Auswirkungen von US-Autozöllen

Abbildung 3: Exporte in Dollar/Yuan

Abbildung 4: Die 20 größten Exportländer weltweit

Abbildung 5: Chinas Wirtschaft

Abstract

Heutzutage wird kaum noch woanders Waren produziert als in China, fast ein Viertel der Güter sind Made in China. Die Chinesen für die USA wie auch für Europa die wichtigsten Handelspartner, etwas das vor zehn Jahren kaum vorstellbar war. Textilien, Softwares, Maschinen und Möbel, sowohl als 70% des gesamten Spielzeugs, stammt aus der Volksrepublik China. Chinas Gesamtvolumen des Welthandels lag im Jahr 2017 bei rund 3640 Milliarden Euro. Der Präsident Xi Jinping will allerdings weg von Billigprodukten und möchte China zum Hightech Lieferanten machen, mit Robotern, vernetzten Maschinen und Elektroautos, deshalb investiert China massiv ins Ausland. [1]

So will die USA den Handelspartner China alle Wege versperren und zieht in den Handelskrieg, in dem er Strafzölle verlangt. Der US- Präsident Trump zieht, ohne jegliche Abstimmung die Gefahr eine Spirale des Protektionismus auszulösen. Bei dem nicht nur China und USA sich mit so hohen Strafzöllen belegt, sondern auch EU, mit dem Hintergedanken, dass diese nicht mehr profitlich sind und zu nationalen Produkten greifen. Zwar ist es möglich durch Protektionismus die eigene Wirtschaft zu heben, jedoch bringt das auf Dauer überwiegend Nachteile mit sich.

Zurückschauend auf 2015, nach dem großen Börsencrash in China ist der Welthandel um 1/3 herabgestürzt, somit ist der Freihandel in Zukunft ebenfalls gefährdet. [2]

Die parate Arbeit befasst sich mit der Handelspolitik Chinas- Xi Jinpings. Faktisch wird die Frage behandelt, wie der Protektionismus aus Sicht des Präsidenten China funktioniert.

---

[1] (vgl. Zugriff am 2. Juni 2019 unter de.statista.com/themen/135/china/)

[2] (vgl. Zugriff am 2. Juni 2019 unter https://www.sueddeutsche.de/wirtschaft/aktien-was-der-boersen-crash-in-china-bedeutet-1.2556295)

Einleitung

Was ist Protektionismus? Wer heutzutage die Nachrichten liest oder sich nur kurz mit den aktuellen Weltgeschehen befasst, kommt nicht um den Begriff Protektionismus herum. Vor allem im Zusammenhang mit dem chinesischen Staat hört man von einer protektionistisch geführten Politik, die einen möglichen Handelskrieg auslösen könnte. Protektionismus meint im groben die eigene Wirtschaft gegen zu viele Waren aus dem Ausland zu schützen. Hierzu kann ein Staat auf verschiedene protektionistische Maßnahmen zurückgreifen. Da das Thema von Tag zu Tag, mehr und mehr an politischer Relevanz erfährt, befasst sich die vorliegende Ausarbeitung mit der Handelspolitik von Xi Jinpings.

Ziel ist es aufzuzeigen, dass eine protektionistische Politik nicht zielführend ist, da der Handel bekanntlich alle besser stellt.

Die vorliegende Arbeit ist in Kapiteln gegliedert.

Nach der Einleitung wird der Protektionismus, seine Formen und die Auswirkungen einer protektionistischen Handelspolitik beschrieben.

Außerdem wird die allgemeine Handelspolitik Chinas und der damit verbundene Handelskrieg mit der USA bearbeitet.

Handel mit China

Einhaltung für Import, Export, Einfuhr, Ausfuhr und Zoll.

Markteintrittsbestimmungen für China [3]

•Zoll- und Einfuhrbestimmungen

•Technischen Marktzugangsbedingungen

•Gesetze, technische Vorschriften und Regeln, Normen und Zertifizierung

•Produktzertifizierungspflichten

•Einfuhrlizenzen

Allgemeine Landesdaten für China [4]

•Landfläche: 9,3 Millionen km²

•Bevölkerung / Einwohner: 1,344 Millarden

Abbildung 1: Chronologischer Handelsstreit zwischen USA und China

Die Abbildung wurde aus urheberrechtlichen Gründen von der Redaktion entfernt.

---

[3]   (vgl.   Zugriff   am   2.   Juni   2019   unter   https://www.dgwz.de/themen/handel/china)

[4]   (vgl.   Zugriff   am   2.   Juni   2019   unter   https://www.dgwz.de/themen/handel/china)

Die einflussreichsten Handelspartner für China [5]

An erster Stelle, steht die USA mit 484,7 Milliarden US-Dollar und einem prozentuallem Anteil von 12,5%.

Anschließend folgt die Hauptstadt, Hongkong, mit 341,5 US-Dollar und einem Beitrag von 8,8%. Japan steht an Platz drei 329,5 Milliarden US-Dollar und 8,5%.

An Platz vier stehen die Südkoreaner mit 256,3 Milliarden US-Dollar, bei 6,6%.

Deutschland liegt mit 4,2% und einem Anteil von 161,1 Milliarden Dollar im Rennen mit Taiwan, 4,4% und 169 Milliarden US-Dollar.

Die sonstigen Handelspartner, die für China von Bedeutung sind, 54,9% und einer Ration von 2.124,7 Milliarden US-Dollar.

Abbildung 5: Chinas Wirtschaft

Die Abbildung wurde aus urheberrechtlichen Gründen von der Redaktion entfernt.

---

[5] (vgl. Zugriff am 2. Juni 2019 unter https://www.dgwz.de/themen/handel/china)

Die 20 größten Exportländer weltweit im Jahr 2018

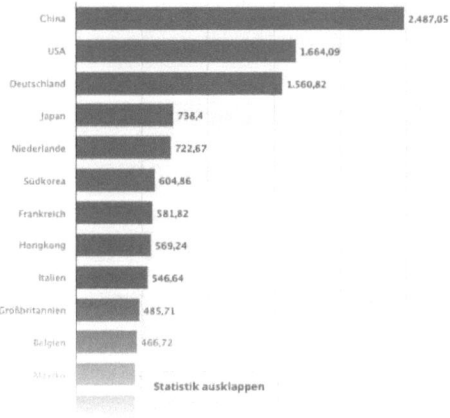

Abbildung 4: Die 20 größten Exportländer weltweit

Handel

Was versteht man unter Handel?

Der Handel ist keine Neuheit. Bereits vor tausenden von Jahren wird er praktiziert. Zu Beginn umfasste er Güter wie Nahrungsmittel, Stoffe und Metalle. Nach einiger Zeit kamen Waren wie Gewürze und Farbstoffe dazu. Wenn es keinen Handel geben würde, dann würde man alles was man für das tägliche Leben benötigt, selber herstellen müssen.[6]

Durch Handel wird gekauft und verkauft, Güter gelangen vom Erzeuger zum Konsumenten. Aber auch Erzeuger müssen sich Güter beschaffen, um ihre Waren herstellen zu können.

Internationaler Handel

Güter werden massenweise rum um die Welt befördert, zu Lande, zu Wasser und in der Luft. So gelangen exemplarisch Rohstoffe wie Erdöl aus Ländern, die

---

[6] https://wirtschaftslexikon.gabler.de/definition/handel-35491

bedeutende Vorkommen haben, in übrige Länder, die Erdöl brauchen. Da Güter in einigen Ländern günstig erzeugt werden, dort jedoch die Nachfrage nicht sehr hoch ist, findet Handel zwischen verschiedenen Ländern statt.[7] Kleidungsstücke exemplarisch werden größtenteils in Ländern gefertigt, in denen die Löhne niedrig sind. Verkauft werden sie anschließend dort, wo die Personen mehr verdienen und höhere Preise bezahlen können.

Import und Export China

China ist ein weltweit ein angesehener Markt für internationale Geschäfte. Andere Länder oder Unternehmen die den Handel mit China betreiben möchten müssen Steuern und Zölle bezahlen.[8]
Der Import nach China und der Export aus China beinhaltet drei Steuerformen
•Mehrwertsteuer

•Verbrauchsteuer

•Zollabgaben

Mehrwertsteuer für importierte Güter

Güter, die nach China importiert werden, unterliegen derselben Umsatzsteuer und Steuersätzen, wie die Güter, die lokal in China verkauft werden.
Die Umsatzsteuer wird an dem Tag der Verzollung fällig.[9]
Die importierten Güter, welche mit Vorsteuer unterlegen sind, können von der Ausgangsmehrwertsteuer ablegen, wenn die im Inland Chinas vertrieben werden.

---

[7] Schröders, Die Ökonomen – Die Weltwirtschaft, Mai 2019

[8] https://www.china-briefing.com/news/de/import-export-steuern-und-zolle-in-china-folge-12.html/
[9] https://www.china-briefing.com/news/de/import-export-steuern-und-zolle-in-china-folge-12.html/

Protektionismus

Was bedeutet Protektionismus?

Der Begriff Protektionismus kommt vom lateinischen und lässt sich im deutschen mit Schutz übersetzen. Durch protektionistische Maßnahmen versucht der Staat, die Warenproduktion im eigenen Land vor zu viel Waren aus dem Ausland zu schützen. Es werden hierzu verschiedene Maßnahmen ergriffen, um ausländischen Produzenten und Gütern den Marktzugang erschweren sollen. Ziel ist es die heimische Wirtschaft zu fördern und sie zu schützen. Protektionismus kann sich sowohl auf einzelne Produktionszweige erstrecken aber auch auf einzelne Gebiete beschränkt sein.[10]

Die Formen von Protektionismus

Protektionistischen Maßnahmen werden unterschieden in tarifäre und nicht-tarifäre Handelshemmnisse. Bei den tarifären Handelshemmnissen geht es darum, ausländischen

Unternehmen und Gütern den Markteintritt zu erschweren. So können zum Beispiel Zölle erhoben werden, um günstige Produkte aus dem Ausland teurer zu machen. Das wird vor allem auf Waren aus den so genannten „Niedriglohnländern" angewendet, da die dortigen Produkte, im Vergleich zur eigenen deutlich günstiger hergestellt werden können. Mit Hilfe von Zoll, der auf das Produkt erhoben wird, steigt auch der Preis und die Produkte, die im eigenen Land hergestellt werden, bleiben konkurrenzfähig. Das hat zur Folge, dass die Bevölkerung mehr zu eigenen Produkten greift. Auch kann der Staat die Menge der Importe begrenzen. Diese Art des Protektionismus zählt zu den nicht-tarifären Handelshemmnissen und dient dazu, dass der Binnenmarkt nicht vollständig von ausländischen Gütern bedient wird. Doch es geht nicht nur darum ausländischen Produzenten und Gütern den Marktzugang zu erschweren, sondern auch darum durch staatliche Subventionen die hohen heimischen Produktionskosten zu egalisieren, um dadurch konkurrenzfähig zu bleiben.[11]

[10] (vgl. Zugriff am 2. Juni 2019 unter http://www.bpb.de/nachschlagen/lexika/das-junge-politiklexikon/161528/protektionismus)
[11] (vgl. Zugriff am 2. Juni 2019 unter https://www.rechnungswesen-verstehen.de/bwl/vwl/vwl/handelshemmnisse.php)

Spirale des Protektionismus

Große Länder wie China können vom Protektionismus profitieren. Der Protektionismus führt zu mehr Wohlstand. Durch Zölle und Subventionen, steigt die Nachfrage nach den eigenen Produkten während gleichzeitig die für ausländische Güter sinkt. Das Land schüttet sich ab und wird damit zum Selbstversorger. Startups und aufstrebende Branchen profitieren dadurch, dass sie nicht mit Konzernen aus dem Ausland konkurrieren müssen. Sie können ohne Zeitdruck ihre Produkte testen, um zu sehen wie sie auf den heimischen Markt ankommen und wie sie sie kostengünstig auf den Markt bringen können. Das führt anfangs zu mehr Wohlstand, jedoch auf Kosten anderer Länder. Der Protektionismus bringt aber langfristig viele Nachteile mit sich, weshalb er auch oft kritisch betrachtet wird. Folgen sind ein fehlender internationaler Wettbewerb. Innovationen bleiben aus und die Produkte sind meistens nicht mehr auf dem neuesten Stand und oft teurer als vorher. Selbstversorgung bringt zwar einige Vorteile, wie die Unabhängigkeit gegenüber Handelspartnern mit sich, jedoch entsteht dadurch auch eine Mangelwirtschaft. Waren die nicht in einem Land wachsen oder produziert werden, verschwinden vom Markt. Produkte werden fast nur noch auf dem heimischen Markt verkauft, wodurch der Staat viele Schulden macht. Dadurch entsteht ein finanzielles Ungleichgewicht, da die heimischen Unternehmen mit viel Geld unterstützt werden, gleichzeitig aber das Wachstum ausbleibt. Die Handelspartner trennen sich nach und nach und ergreifen selbst protektionistische Maßnahmen. Die Protektionsspirale kann so zu einer Weltwirtschaftskrise führen. Das Ziel, die Wirtschaft zu stärken ist nicht mehr möglich. In Folge dessen werden die Zölle wieder gesenkt und die Beziehungen zu den alten Handelspartnern wiederhergestellt. Die Geschichte zeigt, dass auf Protektionismus manche Finanzkrise und Staatspleite folgte. Danach besonnte man sich aber immer mehr auf Freihandel.[12]

---

[12] (vgl. Zugriff am 5. Juni 2019 unter https://www.deutschlandfunk.de/diskussion-ueberstrafzoelle-protektionismus-koennte-eine.1773.de.html?dram:article_id=412373)

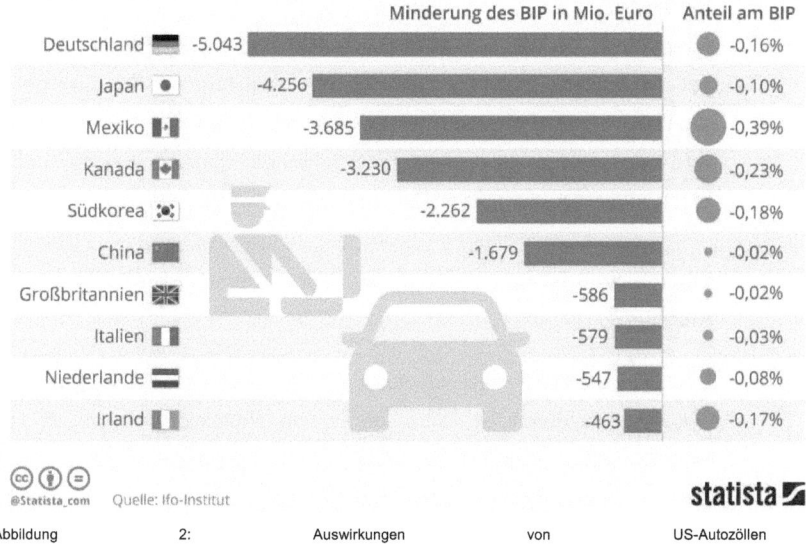

Auswirkungen von US-Autozöllen
Effekte unilateraler US-Importzölle von 25% auf Autos auf preisbereinigte BIP

	Minderung des BIP in Mio. Euro	Anteil am BIP
Deutschland	-5.043	-0,16%
Japan	-4.256	-0,10%
Mexiko	-3.685	-0,39%
Kanada	-3.230	-0,23%
Südkorea	-2.262	-0,18%
China	-1.679	-0,02%
Großbritannien	-586	-0,02%
Italien	-579	-0,03%
Niederlande	-547	-0,08%
Irland	-463	-0,17%

@Statista_com   Quelle: Ifo-Institut

statista

Abbildung   2:   Auswirkungen   von   US-Autozöllen

China fordert wirtschaftsliberalistische Disziplin

Die Kehrseite des Protektionismus ist der wirtschaftliche Liberalismus, der Freihandel.

Hierbei handelt es sich um eine Politik, bei der ein offener Austausch zwischen den beiden Großmächten handelt und so schutzmäßig auf die eigene Wirtschaft amtiert. Ökonomen definieren Freihandel als das geschäftlich liberale Ideal eines in aller Welt offenen Absatzgebietes ohne Handelsbarrieren. Die Idee des Freihandels gründet sich in erster Linie auf die Tatsache, dass sich die Effizienzsteigerungen mithilfe die weltweite Arbeitsteilung am positivsten im freien Wettbewerb ohne staatliche Intervention entfalten können. Dieses Fazit ist aus wirtschaftlicher Sicht wenig kontrovers. [13]

Es bestehen abgesehen davon divergente Auffassungen, ob der Freihandel real einen positiven Einfluss auf die Richtung der Volkswirtschaften hat oder ob die

---

[13] (vgl. Zugriff am 6. Juni 2019 unter https://themarket.ch/meinung/china-unter-xi-jinping-fordert-die-liberale-ordnung-heraus-ld.24)

unbestrittenen Effizienzsteigerungen des Freihandels gerecht verteilt sind. Der wirtschaftliche Liberalismus, beruht auf der freien ökonomischen Tätigkeit jedes Einzelnen.

Adam Smith, der den Liberalismus in seiner theoretischen Erkenntnis entwickelt hat, behauptete, dass der Mensch, sich nicht bewusst ist, dass der eigene Wohlstand, den Wohlstand der Gesellschaft fördert. Die freie Marktwirtschaft wird dann so angeregt, dass die wirtschaftlichen Puffer zum Beispiel durch Preis- und Wettbewerbsfreiheit vom Liberalismus gepusht werden. [14]

Liberalismus ist gegensätzlich zu Protektionismus- welcher Weg ist der Richtige?

Die Vorteile eines Protektionismus sind, dass die heimische Wirtschaft gestärkt wird, zum anderen ist China der wahre Protektionist, denn durch ihren Protektionismus, sind sie zur Weltwirtschaftsmacht aufgestiegen. [15] Nachteile eines Protektionismus sind die Handelskriege während die Exporte um das doppelte eingebrochen sind, obwohl die Inlandwirtschaft *gestärkt* werden sollte.

Adam Smith jedoch besagte, dass die Inlandwirtschaft erst gestärkt wird, wenn alle Länder das exportieren, was sie am günstigsten herstellen können und die Güter importiert, die in anderen Ländern billig hergestellt werden.

Welcher Weg der Richtige ist, kann nicht klar beantwortet werden, jedoch kann man beidseitige faire Argumente auflisten.

Freihandel funktioniert auf Wettbewerbsbasis, mit dem Ziel die Verbraucherpreise senken.

Andererseits bietet Protektionismus die Möglichkeit Veränderungen strukturell anzuordnen.

Bedeutsam scheint es, solche Industriesektoren abzudecken, die sich noch mit der Entwicklung befassen, welche durch Protektionismus die Konkurrenzfähigkeit bequemer machen.

---

[14] (vgl. Zugriff am 5. Juni 2019 unter https://www.bpb.de/nachschlagen/lexika/lexikon-der-wirtschaft/19980/liberalismus)
[15] (vgl. Zugriff am 5. Juni 2019 unter https://www.bpb.de/nachschlagen/lexika/lexikon-der-wirtschaft/19980/liberalismus)

Im großen und ganzen bedeutet es für uns, dass beidseitig sowohl Vorteile als auch Nachteile genannt werden können und somit keine eindeutige Entscheidung gefällt werden kann.

Derzeitige Handelspolitik von China

Die Steuerreformen

Die chinesische Volkswirtschaft ist nach USA die zweitgrößte und wichtigste auf der ganzen Welt. Das Bruttoinlandsprodukt von China wächst beständig und lag 2017 bei rund 12.054 Milliarden US-Dollar.[16]

Die Wirtschaftskraft von China beruht dabei größtenteils auf Dienstleistungen in den Bereichen Technik, Einzelhandel und medizinische Versorgung.[17]

Seit 2008 ist die Arbeitslosigkeit in China zurückgegangen und lag 2018 bei gerade einmal 3,8%.[18]

Der chinesische Präsident XI Jinping legte bei seinem Wahlkampf großen Wert auf die Wirtschaft. Ausländische Unternehmen müssen vorerst ihre Gewinne nicht mehr versteuern, wenn sie unter bestimmten Bedingungen wieder im Land investieren.[19]

Die aktuelle Steuerreform von China möchte eine faire Verteilung des Einkommens erreichen und eine ausgeglichene Steuerbelastung.

Das würde heißen, dass Menschen mit einem niedrigeren Einkommen weniger Steuer zahlen müssen als die Menschen mit einem höheren Einkommen.

Es gibt jedoch eine Voraussetzung für ausländische Unternehmen, um von der Steuer ausgenommen zu werden. Es muss in die Industrien investiert werden, das von der chinesischen Regierung zugutekommen.

---

[16] (vgl. Zugriff am 4. Juni 2019 unter https://de.statista.com/statistik/daten/studie/14418/umfrage/bruttoinlandsprodukt-in-den-usa/)

[17] (vgl. Zugriff am 4. Juni 2019 unter https://www.focus-economics.com/countries/united-states)
[18] (vgl. Zugriff am 4. Juni 2019 unter https://de.statista.com/statistik/daten/studie/17332/umfrage/arbeitslosenquote-in-den-usa/)
[19] (vgl. Zugriff am 5. Juni 2019 unter https://www.zeit.de/wirtschaft/2017-12/auslandsinvestitionen-china-steuererlass-us-steuerreform)

In den ersten zehn Monaten dieses Jahres ist die ausländische Investition um nur 1,9 Prozent gewachsen als im vorherigen Jahr.

Als der US – Präsident Donald Trump vor kurzem die Steuerreform verabschiedete erhöhte es den Druck auf das Land.

Die US-amerikanischen Unternehmen haben durch die Reform Vorteile, denn sie können ihre Gewinne ins eigene Land zurückführen.

China befürchtet, dass Ersparnisse aus China abströmen könnte oder die - Amerikanische Firmen sich sogar aus dem Land absetzen könnten.

Die Forderung für Unternehmen aus dem Ausland haben sich in China dramatisch verschlechtert.

Mangelnden Marktzugang, steigende Kosten und einen unfairen Wettbewerb.

Europäische oder deutsche Firmen halten sich aus diesem Grund erstmal zurück mit den Investitionen in China.[20]

Schon nach kurzer Zeit lassen sich erste Erfolge der Wirtschaftsreform erkennen. Die neue Steuerpolitik wälzt sämtliche Unternehmensbilanzen um. So gibt es kaum ein Unternehmen, welches in der ersten Quartalsbilanz 2018 keine deutlichen Auswirkungen merkt. Doch nicht nur Gewinne lassen sich verzeichnen, sondern auch Verluste. Beispielsweise bei der deutschen Bank hat die neue Steuerreform der USA dazu geführt, dass aus vor Steuer Gewinnen, nach Steuer Verluste geworden sind.[21]

Generell kann die Steuerreform langfristig Unternehmen aus allen Branchen helfen.

Besonders profitieren dürften, jedoch die so genannten „Pass Throughs" Unternehmen. Diese sind inhabergeführte Firmen deren Einnahmen nach Individualen Steuersätzen der Eigentümer besteuert werden.

Alles in allem ist es noch zu früh, um vorherzusagen wie genau die Menschen profitieren werden und ob es am Ende auch Verlierer der Steuerreformen gibt.

Auch das Bruttoinlandsprodukt zeigt noch keinen rasanten Zuwachs.[22]

Ob das Gesetz Erfolg hat und Trump Recht behält wird man erst in den kommenden Jahren sehen.

---

[20] (vgl. Zugriff am 5. Juni 2019 unter https://www.zeit.de/wirtschaft/2017-12/auslandsinvestitionen-china-steuererlass-us-steuerreform)
[21] (vgl. Zugriff am 2. Juni 2019 unter http://m.faz.net/aktuell/wirtschaft/so-wirkt-trumpssteuerreform-schon-auf-unternehmen-15429181.amp.html)
[22] (vgl. Zugriff am 4. Juni 2019 unter https://de.statista.com/statistik/daten/studie/14418/umfrage/bruttoinlandsprodukt-in-den-usa/)

Handelskrieg zwischen USA und China

Definition von Handelskrieg:

Handelskrieg ist ein historischer Begriff, dieser wird definiert als ein strategisches Konzept, um einen Feind aus einer anderen Nation oder einen Kriegsgegner ökonomisch niederzuzwingen. Man beeinträchtigt einfach seinen Außenhandel, etwa durch ein staatliches Verbot oder zum Beispiel mit einer Blockade für die Güter und Ressourcen. Handelskonflikt beziehungsweise Handelskriege sind nichts neues. Schon damals gab es Handelskriege um Rohstoffe oder anderen Ressourcen um die wirtschaftliche Situation eines Landes zu verbessern.

Handelskrieg zwischen USA und China

China gibt sich jedoch nach dem US-Uniliteralismus und Handelsprotektionismus nicht geschlagen und wehrt sich. Der Präsident kündigte einen Zöllenanstieg der US- Produkte von 60 Milliarden Dollar an. Je nach Branche herrscht eine Steuerdifferenzierung von zehn, 20 oder 25 Prozent.

Davon seien insgesamt 5140 Produkte betroffen. China erhofft sich, zur bilateralen wirtschaftlichen Kooperation zurücksiedeln.

Es sind die Ungleichheiten, die dazu führten, dass Maßnahmen wie diese verhängt worden sind. In China werden viel mehr Waren verkauft, als eingekauft werden. Deutlich erkennbar ist dies an der Handelsbilanz, die bezogen auf die Exporte und Importe von China eine Differenz von 351,14 Milliarden Dollar aufweisen.[23]

Der Handelsstreit zwischen dem Chinesen und den USA möge auf die unfaire Industrie- und Handelspolitik der Chinesen zurückführend zu seien. Bereits im Wahlkampf wies der amerikanische Präsident auf die unfairen Taten hin und diese auch wohlwollend bekämpfen zu wollen. Dass die Streitigkeiten der

---

[23] https://www.spiegel.de/wirtschaft/soziales/china-senkt-in-handelsstreit-mit-usa-zoelle-auf-import-produkte-a-1210647.html

beiden großen Volkswirtschaften eine Auswirkung auf die Weltwirtschaftskrise haben würde ist den Führern nach ausgeschlossen.[24]

Aufgrund des Handelskonfliktes mit den Amerikanern, hat sich China dazu entschieden, 5140US-Produkte mit Strafzöllen zu belegen. Von den importierten Waren sind Lebensmittel wie Obste, Schweinefleisch und Wein betroffen und beziffern einen Warenwert von mehreren Milliarden. Diese Maßnahme zielt hauptsächlich auf die Trump-Wähler in den nationalen Gebieten der US- Staaten ab. Mit dieser Handlung reagieren sie auf die von US- Präsidenten angehängten Strafzölle auf Stahl, sowie Aluminium. Die Zölle sollen dazu dienen, die Verluste, die durch die gestiegenen Strafzölle der Amerikaner verursacht worden sind, auszugleichen.[25]

Der Amerikaner Trump kündigte letzten Sommer an, dass die importierten Waren aus China mit einem Strafzoll in Höhe von 50 Milliarden Dollar belegt werden sollen. Unter anderem sind knapp 1.000 Produkte wie Autos, Flugzeugteile und Produkte aus dem Roboterbau zu verstehen. Als Gegenangriff antwortet China mit Strafzöllen auf Importgüter aus den USA, die einen Warenwert ca. 50 Milliarden Dollar aufpushen. Zunächst sind 545 Produkte aus dem Agrarbereich, Autos und Meeresfrüchte, in einem Umfang von 34 Milliarden Dollar aufgefordert. Weitere 20 Milliarden Dollar zielen auf zusätzliche 120 Produktarten ab, darunter Chemikalien, medizinische Geräte und Energieerzeugnisse. Die von Trump erhobenen Strafzölle, zwingt die Chinesen dazu, sich gegen diese ebenfalls mit gleichen Maßnahmen zu wehren.[26]

Mit seinem nächsten Zug hat Trump die Hälfte der Importgüter aus China mit Strafzöllen belegt. Auf die bereits verhängten Strafzölle folgen im Herbst 2018 Zölle auf Waren im Wert von zusätzlich knappen 200 Milliarden Dollar. Die neu aufgeforderten Zölle sollen zuerst zehn Prozent betragen, ab Anfang Januar soll dieser Zollsatz je nach Branche bis auf 25 Prozent Zoll steigen. Die Vereinigten Staaten kündigten an, dass sobald die Chinesen eine Rachetat ausüben, weitere Waren im Wert von 267 Milliarden Dollar mit Zöllen bedeckt werden. Xi Jinping erklärte Trump dennoch, dass im Falle einer neuen

---

[24] https://www.sueddeutsche.de/wirtschaft/us-strafzoelle-gegen-china-aus-dem-handelsstreit-wird-ein-handelskrieg-1.4017328

[25] https://www.tagesspiegel.de/politik/handelskonflikt-usa-verhaengen-200-milliarden-strafzoelle-gegen-china/23079010.html

[26] https://www.zeit.de/wirtschaft/2018-12/welthandel-china-usa-xi-jinping-donald-trump

Maßnahme diese sich nicht geschlagen geben und Importgüter im Wert von 60 Milliarden Dollar mit Sonderabgaben ansteigen werden.[27]

Sorgen um Handelskrieg zwischen EU und China

Die EU und China haben Gegenmaßnahmen zu den Strafzöllen vorbereitet, die US-Präsident Trump auf Stahl und Aluminium angekündigt hat. 2017 hat die EU rund 150 Milliarden Dollar in die Vereinigte Staaten exportiert, als selbst importiert. Stimmt der Vorwurf des unfairen Handels? Aus deutscher Sicht ist der Handelskrieg zwischen EU- China eine Gefahr, da wir stark exportabhängig sind.123 Das Handelsvolumen zwischen EU und China lag in den vergangenen Jahren beim Export bei 66,6 Milliarden Euro und der Import bei 76,3 Milliarden, das deutet auf die extreme Exportabhängigkeit. Jedoch hat China selbstverständlich ebenfalls das Interesse nach EU zu verkaufen, deshalb ist ein Kompromiss von Bedeutung. Deutschland sind gute Handelsbeziehung zu China sehr gelegen. Der Präsident Xi Jinping bestätigte das bei seinem Deutschlandbesuch. [28]

Die kleinen Nachteile eines Handelskrieges zwischen EU und China

Es ist ähnlich wie ein Krieg mit Waffen auch in einem Handelskrieg gibt es Verlierer.

Für Europäer zum Beispiel die Produkte aus der USA kaufen, wie Whiskey oder Elektronische Geräte werden diese Produkte teurer ausfallen.

---

[27] https://www.manager-magazin.de/finanzen/artikel/europas-wirtschaft-zerrieben-im-handelskrieg-zwischen-china-und-usa-a-1269288.html

[28] https://www.handelsblatt.com/politik/international/eu-china-grosse-sorgen-vor-handelskrieg/8285990-2.html?ticket=ST-127907-RWACNYsgaBJKnN53w56Q-ap5

Firmen aus Europa werden leiden, wenn Konkurrenten zum Beispiel aus China ihre Produkte, statt in den USA künftig in Europäische Länder verkaufen wollen. Aber auch die USA wird unter diesem Handelskrieg leiden müssen, vor allem wenn Amerikaner Autos kaufen möchten. Denn um Autos zu bauen benötigen die Hersteller Stahl, aber wenn diese durch die Zölle teurer werden, dann wird auch das Angebot an Stahl knapper. Die Gefahr eines Handelskrieges ist jedoch eine andere, statt einfach aufzugeben setzt die Gegnerische Seite noch eins drauf.

Die Folgen des Handelskrieges zwischen USA und China, wirken sich auf Europa bzw. auch bei uns in Deutschland aus. Große Unternehmen wie zum Beispiel BMW, mit Hauptsitz der X-Reihe in South Carolina), die ebenfalls in den USA Automobile für China herstellen, werden auch mit Strafzöllen der Chinesen belastet.5 Produktionsketten sind international maximal vertreten, so dass es schwer ist die komplette Produktion in die Heimat zurück zu holen. Das beste Beispiel ist das iPhone, das Vorzeigeprodukt der Amerikaner. Dabei kommt lediglich die Idee aus den USA. Den Akku für das Mobiltelefon liefert Südkorea, die Kamera stammt aus Japan, die Sensoren kommen aus Deutschland.6 Und zusammengeschraubt wird es in China.

Größten Verlierer des Handelskriegs zwischen USA und China

Doch mit einem Börsenminus von 8,7 Prozent und einer Währungsflaute von 2,5 Prozent ist China nicht das Land, dass der Handelskrieg am stärksten betroffen hat. Aus den 20 größten Schwellenländern, die ihre Währung nicht starr an den US-Dollar gekoppelt haben, haben nur vier im vergangenen Monat gute Nachrichten von der Finanzfront vermelden können.

Man muss gar nicht in den Handelskrieg zwischen USA und China involviert sein, um zu ahnen, dass Währungen und Börsen in den meisten Schwellenländern an Wert verlieren.

China ist mit einem Börsenminus und einer Währungsflaute nicht mal das Land, dass der Handelskrieg am stärksten betroffen hat.

Am stärksten erwischt hat es die Türkei und Russland. Ebenfalls hat der Handelskrieg zwischen den USA und China Auswirkungen nach Thailand, Südafrika und Chile.

Die Firmen aus China brauchen weniger Rohstoffe und Zwischenprodukte, wenn China aufgrund der Strafzölle weniger Waren in die USA exportiert. Warum sollten sie etwas produzieren, die sie am Ende sowieso nicht verkaufen können.

Es wird von der Weltorganisation geschätzt, dass der Handel weltweit dieses Jahr um nur 2,6 Prozent wachsen würde also nur noch halb so stark wie im Vorjahr.

Der Handelskrieg sorgt dafür, dass der Börsenindiz ebenfalls nicht mehr steigt und die Rendite für Staatsanleihen sinken ebenfalls.

Folge der ganzen ist, dass die Währungen gegenüber dem US- Dollar an Wert verlieren und die Börsenkurse sinken.

Huawei fliegt raus – Huaweiboykott

Der US Boykott gegen Huawei kann extreme Folgen in Form einer Kettenreaktion mit sich bringen.

Zum ersten Mal durfte der chinesische Staatssender CCTV den Chef des Technologie-Unternehmens befragen. Alle Nutzer des chinesischen Konzerns ahnten bereits, nach dem das Gesicht des Chefs Ren Zhengfei auf den Bildschirmen von Huawei erschien, dass etwas nicht stimme.

Laut US- Politik tragen die Nutzer des chinesischen Konzerns die Gefahr mit sich, dass der chinesische Staat Zugriff auf das jeweilige Huawei Gerät erhält.

Huawei wird angeklagt wegen – Diebstahl von anderen Geschäftsgeheimnissen, Verschwörungen und Finanzbetrug– diese wurden in den letzten Jahren ebenfalls von zwei anderweitigen chinesischen Unternehmen angewendet. Die US profitiert von ihren Exportkontrollen, welche für die chinesischen Unternehmen eine große Gefahr darstellen. [29]

Das Unternehmen leidet unter starkem Druck, der US-seits. Die US drängt seit Monaten alle weltweiten Huawei Nutzer auf die neue Mobilfunknutzung 5G auszulassen. Die europäische Regierung prüfen auch den Umgang mit dem chinesischen Hersteller. Die USA stellt Anklage und will die Auslieferung der chinesischen Finanzministerin Meng Wanzhou, welche Ren Zhengfeis Tochter ist und mögliche Nachfolgerin der Huawei.

Um nicht unter einem Wirtschaftsalptraum zu bauen, wird der Anbieter Huawei weiterhin in Mobilfunkanbieter wie Vodafone seine Produkte vertreiben, andererseits wäre das für Vodafone ein Desaster ohne Huawei zu arbeiten.

---

[29] (vgl. Zugriff am 2. Juni 2019 https://www.welt.de/wirtschaft/webwelt/article188508003/Huawei-US-Boykott-koennte-dramatische-Kettenreaktion-ausloesen.html)

USA und China: "Waffenstillstand" im Handelskrieg

Nach einem monatelangen Streit in ihren Handelsbeziehungen hat China und USA vorläufig eine Lösung gefunden.

Präsident Donald Trump setzte allerdings einen 90 tägige Frist für die Chinesen, um geforderte Konzessionen zu machen. [30]

Donald Trump und der chinesische Staatspräsident Xi Jinping haben im G20 Gipfel in Buenos Aires mitgeteilt, dass neue Verhandlungen aufgenommen werden, um eine gemeinsame Lösung zu finden.

USA hat versprochen, vorerst ihre Zölle auf chinesische Einfuhren nicht zu erhöhen. Im Gegenzug wird China die Importe aus den USA erhöhen, um ein Handelsungleichgewicht möglichst niedrig zu halten.

90 Tage gilt der Waffenstillstand zwischen diesen zwei Ländern, wenn bis dahin keine Einigung erzielt wurde dann wird USA ihre Pläne mit den Strafzöllen auf die Importe von China umsetzen.

China hat zugestimmt bedeutende Mengen aus der Landwirtschaft, dem Energiesektor und Industriesektor aus den USA zu importieren. [31]

Die Einigung bringt auch die Finanzmärkte in Erleichterung, da ein Handelskrieg das Wirtschaftswachstum auch im Rest der Welt beeinträchtigen würde.

Sollte China der USA nicht entgegenkommen wird Donald Trump Importe im Wert von über 250 Milliarden US-Dollar mit Sonderzöllen belegen.

---

[30] (vgl. Zugriff am 2. Juni 2019 https://www.nrz.de/politik/usa-und-china-waffenstillstand-im-handelskrieg-id215918307.html)
[31] (vgl. Zugriff am 2. Juni 2019 https://www.nrz.de/politik/usa-und-china-waffenstillstand-im-handelskrieg-id215918307.html)

Ausblick

Der chinesische Handel boomt schon seit vielen Jahren. Sie haben eine Führungsrolle im Handel und Wirtschaftswachstum eingenommen.

Doch der Handelsstreit zwischen der USA und China hat bereits großen Schaden angerichtet. Die Gründe dafür sind wie bereits genannt, dass die USA viel mehr Produkte und Waren aus China kauf als umgekehrt. US- Präsident Donald Trump unterstellt der Volksrepublik China Ideen und Technologien zu kopieren und so Waren günstiger herzustellen.

Der Streit zwischen China und der USA, gefolgt von einem wachsenden Einfluss der Volksrepublik könnte dazu führen, dass der internationale Handelskrieg erhebliche Folgen hervorrufen würde, wie der nach der Finanzkrise 2008. USA ist der größte Schuldner von China. Außerdem hält China US-Staatsanleihen in Höhe von 1300 Milliarden Dollar. Die Volksrepublik könnte einen kleinen Teil davon verkaufen, dann würden die Refinanzierungskosten der US-Staatsschulden stark ansteigen. Gravierender wären die Auswirkungen einer globalen Krise als zum Zeitpunkt der Finanzkriese 2008, da die europäischen Länder wesentlich höher verschuldet sind als früher.

Man sollte China nicht unterschätzten, denn ein Wachstumsrückgang in China könnte die Weltfinanzwirtschaft erschüttern.

Fazit

Zusammenfassend lässt sich sagen, dass Xi Jinping durch seine Politik, einen großen Punkt seiner politischen Wahlkampfagenda erfüllt. Vielleicht ist es gerade dieser Punkt, der Grund dafür war, dass ihn der Nationale Volkskongresses zum Staatspräsidenten gewählt hat. Öffnung der Marktwirtschaft, Umsetzung von Wirtschaftsreformen, Verbesserung der Lebensbedingungen und die Bekämpfung gegen Korruption sind Versprechen, die Xi Jinping durch seine neue Politik erfüllen möchte. Menschen mit einem niedrigen Einkommen müssen weniger Steuern zahlen, als Menschen mit einem höheren Einkommen, doch trotzdem erhält der Staat am Ende mehr Steuern. Die Gehälter von China haben sich ebenfalls verbessert, diese sind von 2012 bis 2017 durschnittlich um 9,8 Prozent gestiegen. Handelskriege mit der USA werden auf Dauer dazu führen, dass der Welthandel in Zukunft bedroht ist. Jedoch befasst sich die vorliegende Arbeit größtenteils mit den tagesaktuellen Auswirkungen. Ob der Handelskrieg sich weiter zuspitzt oder ob sich die beteiligten Länder am Ende doch auf ein neues Freihandelsabkommen zu besseren Konditionen einigen, bleibt unbeantwortet. Alles in allem bestätigt die Ausarbeitung die These, dass Protektionismus auf Dauer nicht zielführend ist und Handel alle besser stellt.

Referenzen

Demirci, K., Neuhaus, C. (2018, 12. Juli). *USA, China, Europa: Was im Handelskrieg auf dem Spiel steht.* Zugriff am 2. Juni 2019 unter https://www.tagesspiegel.de/wirtschaft/usa-china-europa-was-im-handelskrieg-aufdem-spiel-steht/22778234.html

Drewello, H., Kupferschmidt, F., Sievering, O. (2018). *Markt und Staat: Eine anwendungsorientierte Einführung in die allgemeine Volkswirtschaftslehre.* Wiesbaden: Springer-Verlag.

W. M. Corden: *The Theory of Protection.* Oxford: Clarendon Press, 1971

o. V. (2018, 16. Juni). *China reagiert.* Zugriff am 2. Juni 2019 unter https://www.zeit.de/wirtschaft/2018-06/strafzoelle-china-usa-donald-trumphandelsstreit

o. V. (o. J.) *Protektionismus.* Zugriff am 2. Juni 2019 unter https://www.wirtschaftundschule.de/wirtschaftslexikon/p/protektionismus/

o. V. (o. J.) *Handelshemmnisse.* Zugriff am 2. Juni 2019 unter https://www.rechnungswesen-verstehen.de/bwl-vwl/vwl/handelshemmnisse.php

o. V. (2018) *USA: Bruttoinlandsprodukt (BIP) in jeweiligen Preisen von 2008 bis 2018 (in Milliarden US-Dollar).* Zugriff am 2. Juni 2019 unter https://de.statista.com/statistik/daten/studie/14418/umfrage/bruttoinlandsprodukt-inden-usa/

Vogel H. (2018, 12. Dezember) *"Merry Christmas" für Reiche - Fünf Fakten zu Trumps Steuerreform.* Zugriff am 2. Juni 2019 unter https://www.n-tv.de/wirtschaft/Fuenf-Fakten-zu-Trumps-Steuerreform-article20195643.html

N. Piper. (2010, 17. Mai). *Ein Schritt in die Katastrophe.* Zugriff am 2. Juni 2019 unter https://www.sueddeutsche.de/wirtschaft/gefaehrlicher-protektionismusein-schritt-in-die-katastrophe-1.472621